Bureau scolaire international français

Victor WILLEMIN
111a Monplaisir — ÉPINAL (Vosges)
(6ᵉ année)

SUPPLÉMENT GRATUIT de
" Nos Fils à l'Etranger "
1908 (Prix : 1 fr.)
Droits de reproduction et de traduction réservés.

P. DESAGES, Professor at Cheltenham College, Cheltenham, 3, York-Terrace (Angleterre), reçoit un seul pensionnaire allemand — garçon ou fille — mais de famille distinguée, afin de pouvoir l'emmener en visite dans les maisons amies. Grand confortable. Pension et leçons : **50** francs par semaine. — 3 enfants à la maison. 3 domestiques.

Professeur de lycée en France et Madame, directrice d'école normale de filles, échangent garçon de 13 ans, pour un an, à partir du 1ᵉʳ octobre 1908, dans les Pays rhénans, contre une jeune Allemande de 12 à 18 ans.

Jeune Allemande, très distinguée, demande échange pour l'*Angleterre*, en juillet-août 1908, contre garçon ou jeune fille.

Professeur d'Ecole normale d'Instituteurs en *Touraine*, échange son fils — 16 ans — en 1908, en août et septembre. On recevrait garçon ou jeune fille allemande en *juin et juillet*. — Quatre enfants plus jeunes.

Famille de Professeur, à Paris, près du Bois de Boulogne, reçoit un seul pensionnaire de chaque nationalité. — **250** francs par mois, pension et leçons.

COUPON-RÉPONSE INTERNATIONAL

Nous rappelons que pour la correspondance internationale, tous les Bureaux de poste de l'*Union postale universelle* tiennent à la disposition du public le « *Coupon-Réponse international* », d'une valeur de 0 fr. 25 centimes Pfennig : 20. — Il n'est pas répondu aux lettres ne contenant pas un de ces coupons.

MANDATS-POSTE FRANÇAIS

Nous rappelons également aux Allemands, Suisses et Autrichiens résidant en France, que l'expéditeur d'un mandat-poste français doit insérer ce mandat dans la lettre à l'adresse du destinataire et en garder seulement le talon par devers lui. Il arrive souvent que ces Etrangers conservent, par ignorance, le mandat proprement dit et le talon, dans la pensée que l'administration postale fera le nécessaire, comme en Allemagne, alors qu'il n'en est rien.

INSTALLATION FAMILIALE A L'ÉTRANGER

Le Bureau se tient à la disposition des Etrangers pour les installer dans des familles françaises, allemandes ou anglaises, dans lesquelles ils seront seuls pensionnaires de leur nationalité, condition essentielle de tout progrès.

R S W — Répertoires Scolaires Willemin — R S W
POUR L'ÉTUDE DES LANGUES VIVANTES
(FRANÇAIS, ANGLAIS, ALLEMAND, ESPAGNOL, ITALIEN)

En vente :

MEIN DEUTSCHES SPRACH - REPERTÓRIUM
für die Schüler der Quinta

Un fort cahier de 200 pages, avec double répertoire central pour l'étude de la grammaire et la lecture des auteurs.

Prix, franco poste : 1 fr. 70.
Etranger, franco poste : fr. 2 ; m. 1,60 ; sh. 1,6.

Quelques Attestations pour l'année 1907

Elberfeld, le 4/12 1907.

Sehr geehrter Herr Professor,

Mit grossem Vergnügen gebe ich Ihnen Auskunft über die Erfahrungen, die wir bezüglich des Austausches meiner Tochter gemacht haben. Wie Sie wohl wissen kam meine 21 jähri. Tochter im Juni dieses Jahres in das Haus des M. V. für einen Aufenthalt von drei Monaten zunächst, während eine Tochter der Familie V. im nächsten Jahre zu uns kommen sollte.

Wie meine Tochter schrieb, wurde sie in der Familie sehr

freundlich aufgenommen und fühlte sich, besonders da zwei ihr etwa im Alter gleichstehende Töchter im Hause sind, bald heimisch. Die Familie V. siedelte im Juli nach ihrem Landgute über und dort verlebte meine Tochter eine sehr schöne Zeit. Da sie das Lehrerinnenexamen gemacht und Mlle Germaine V. eine ähnliche Vorbildung genossen, unterrichteten die jungen Mädchen sich gegenseitig im Französischen und Deutschen. Auch hatte meine Tochter viel Gelegenheit, Französisch zu hören und zu sprechen weil die Familie V. oft viel Besuch hatte. Da die Mlles V. gut Klavier spielen, wurde viel musiziert und meine Tochter fand viel Vergnügen daran. Auf beiderseitigen Wunsch wurde der Aufenthalt meiner Tochter bei der Familie V. sehr verlängert, so dass meine Tochter erst Weihnachten von dort hierhin zurückkehren wird. Der Aufenthalt auf dem Landgute hat meiner Tochter auch in gesundheitlicher Beziehung sehr gut getan. Ich freue mich schon darauf, Mlle V. nächstes Jahr in meinem Hause zu begrüssen und hoffe, dass ein Verweilen in der hiesigen Gegend ihr auch gut gefallen wird. Indem ich Ihnen für Ihre Bemühungen im Dienste dieser guten Sache herzlich danke, bin ich, mit vorzüglicher Hochachtung,

Ihre Frau MITTENDORF.

29, Strassburgerstr., Elberfeld.

D'un Président de Tribunal.

J'ai été très satisfait du séjour de mon fils dans la famille Zirkel. Il a conservé de ses hôtes le meilleur souvenir.

M. Wilhelm Zirkel, le fils aîné, lui donnait des leçons d'allemand, et sous sa direction il a fait de sérieux progrès. J'en ai été si heureux que j'ai offert à mes frais le voyage de R. à P. à M. Wilhelm qui a ramené mon fils en France.

Veuillez agréer.....

Elberfeld, den 4/11 07.

Von einer Reise zurückgekehrt, finden wir Ihr w. Schreiben vor. Ich freue mich sehr Ihnen mitteilen zu können, dass wir mit dem Austausch in jeder Beziehung sehr zufrieden waren. Mein Töchterchen wurde freundlich aufgenommen, gut verpflegt und jedem schlechten Einfluss ferngehalten. Im eintretenden Falle erlaube ich mir mich wieder an sie zu wenden. Ergebenst.

Frau Eisenbahnbau u. Betriebinspektor Prange.
Elberfeld.

D'un Comptable des Vosges.

Monsieur,

Je suis très heureux de m'être adressé à vous pour l'échange de mon fils en Allemagne. Comme il n'avait jamais voyagé, j'ai dû le conduire jusqu'à Metz ; là, je l'ai laissé seul, en le recommandant à la bienveillante attention d'un employé de la gare de Metz qui a été pour lui d'une complaisance inouïe. L'enfant est allé seul de Metz à Cologne et a voyagé une partie de la nuit. A Cologne, il a été reçu par M' M. Je ne sais comment m'exprimer pour vous décrire l'accueil cordial que mon fils a reçu dans cette famille : il a été traité comme l'enfant de la maison, et même gâté. Madame L. était aux petits soins pour lui et l'enfant l'appelait maman. Il a eu vite fait de faire des camarades, songez qu'il n'a que 10 ans ; tous les jours il faisait de nouvelles connaissances, et ses petits amis venaient souvent chez M' L. pour jouer avec le petit Français, comme ils l'appelaient. Mon fils ne cesse de me répéter toutes les bontés qu'on a eues pour lui en Allemagne, tant chez M' L. que chez les parents et amis de ce Monsieur : chacun voulait l'avoir quelques jours chez soi. L'enfant ne devait y rester qu'un mois, mais il s'y plaisait tellement que je dus, sur sa demande, prolonger son séjour de quinze jours. L'enfant est revenu seul de Cologne à Metz. Il nous a demandé l'autorisation de retourner là-bas l'année prochaine.

J'ai eu en échange, pendant un mois, le fils de M' L. Ce jeune homme connaissait déjà un peu de français ; il était fort bien élevé et tous mes amis me complimentaient sur lui. Il trouvait que le temps passait trop vite, et aurait voulu avoir aussi une prolongation ; mais la rentrée des classes en Allemagne ayant lieu plus tôt qu'en France, il dut nous quitter. Il savait tellement se faire aimer que toute la maison l'avait pris en affection et que nous l'aimions comme notre enfant. Aussi est-ce avec un gros serrement de cœur que nous le conduisîmes à la gare. Depuis son retour, il nous écrit souvent ; il nous a remerciés en vers qu'il a composés lui-même et qui nous ont beaucoup touchés.

Je suis très satisfait de la première sortie de mon fils et je n'aurais jamais cru qu'en six semaines il pût apprendre et retenir autant d'allemand. Aussi suis-je déjà en pourparlers avec cette famille pour qu'il y retourne l'an prochain pour au moins trois mois.

Avec mes remerciements, veuillez.....

C. ALEXANDRE.

Bremen.

Ayant passé, après mon retour de chez M. Thomas, encore quelques semaines chez nous, je suis bien heureux de pouvoir vous écrire que je suis bien contentde mon voyage, et j'espère que M. Thomas fils pourra en dire autant de son côté.

Recevez, Monsieur, l'assurance de mes sentiments reconnaissants et distingués.

Alf. BIETENHOLZ.

Nancy, le.....

Je viens vous remercier de l'échange que vous nous avez procuré cette année. Mon fils est allé passer un mois à Barmen chez Mr B., où il a été très bien reçu. Le fils de ce monsieur est venu à la maison passer le même laps de temps et est reparti enchanté. Nous resterons avec plaisir en bonnes relations avec cette famille.

Avec nos remerciements, etc.....

BROCK.

D'un Négociant allemand.

L'échange de mon garçon avec M. Pierre Bailly ayant pris fin, je me fais un devoir de vous faire connaître que nous sommes très satisfaits d'avoir trouvé cette occasion. Les deux jeunes gens ont très bien profité de leurs séjours à l'étranger. Nous vous remercions bien sincèrement et nous vous dirons

que nous avons *l'intention de faire le même échange l'année
prochaine.*

Engelbert MARMANS.

Le Thillot (Vosges).

Maintenant je suis prête à quitter la belle France, le Thillot,
après un séjour que je n'oublierai jamais. M' et Mme B. m'ont
reçue avec une amabilité telle que j'étais bientôt devenue l'enfant gâtée de la famille. Je suis très heureuse de m'être adressée
à vous pour cet échange.

Je vous remercie encore une fois de tout ce que vous avez fait
pour moi. Agréez, Monsieur, etc.....

Gertha WENDELMUTH.

Aschaffenbourg. Munchstr., 2.

Geehrter Herr Professor,

Nachdem sie bereits seit einer Reihe von Jahren meine drei
Söhne während der Herbstferien in verschiedene Familien und
an verschiedenen Orten Frankreichs sehr gut untergebracht
haben, halte ich es für meine Pflicht Ihnen hier meinen
Dank auszusprechen. Meine Söhne waren jedesmal freundlich
aufgenommen, und kehrten befriedigt, erholt und angeregt aus
den Ferien ins Elternhaus zurück. Die herzlichen Beziehungen
zu den gastlichen Familien und die ihnen gewordenen liebenswürdigen Unterweisungen haben ihr Interesse an der französ-
sischen Sprache, sichtlich erhöht. Ich kann meinen Landsleuten
nur empfehlen, Söhne, welche die oberen Klassen der Mit-
telschulen besuchen, durch Ihre uneigennützige Vermittlung
in französische Familien unterzubringen oder was noch mehr
anzuraten ist, durch den gegenseitigen Austausch von Kindern
während der Ferien eine immer engere Fühlung, und besseres
Verständnis mit dem uns benachbarten Kulturvolk anzubahnen.

Prof. D' M. CONRAD.
a. d. förstlichen Hochschule.

Rosières-aux-Salines (Meurthe-et-Moselle).

Je puis vous dire que l'échange de mon fils en Alsace a été
d'une réelle utilité pour lui. Du côté familial, il est élevé aussi

bien qu'il pourrait l'être chez moi. Je dis : il est, car, en effet, il reste encore dans cette famille jusqu'au printemps prochain, et en échange, j'ai repris une jeune fille de cette famille qui vient aussi apprendre le français. Le jeune homme, lui, est reparti dans le courant de septembre, ayant assez bien appris le français.

Mon fils a fait des progrès très notables; il parle couramment l'allemand. Il fréquente très régulièrement l'école. Du reste, il y a huit jours, j'étais à Bettendorf et j'ai pu juger par moi-même des progrès qu'il a faits. Je suis donc heureux de vous réitérer, par ce courrier, mes respectueux remerciments.

H. MATHIEU.

D'un Greffier de la Justice de Paix.

J'ai été très satisfait de la façon patriarcale dont M. Marmann a reçu mon jeune fils Pierre. A tous points de vue, mon fils a été soigné et nourri d'une façon convenable ; aussi, lorsque le jeune Marmann est venu à la maison, je me suis efforcé de le distraire et de lui faire visiter notre beau département.

Je crois que ce jeune Allemand a été content de son séjour en France, et j'ose espérer qu'il reviendra l'an prochain. Pour moi, je compte bien renvoyer Pierre à Traben-Trarbach.

Je vous remercie de votre bonne intervention, et souhaite que beaucoup de mes compatriotes emploient ce moyen, qui est le seul bon.

Agréez, Monsieur.....

J. BAILLY.

Baume-les-Dames.

Je me félicite des excellents résultats dus au séjour pendant les vacances de mon fils en Allemagne.

Grâce aux références que vous avez eu soin d'exiger des familles, nous avons été fort satisfaits également de la présence parmi nous, au cours de la même période, du jeune Allemand qui nous a quittés, du reste, avec regret.

Les qualités de tenue, de tact et de bonne éducation de notre jeune étranger ont effacé dès le début l'appréhension qu'éprouve, à tort, tout chef de famille français à l'égard de l'Allemand admis au foyer familial.

Il est à souhaiter que votre bienveillante intervention développe les rapports avec nos voisins de l'Est par un échange de
relations de nature à effacer l'impression pénible et toujours
fausse, résultant d'une insuffisance de fréquentation que le développement intellectuel et économique des deux pays impose
impérieusement.

Si les circonstances nous le permettent, d'ailleurs, nous désirons renouveler, l'année prochaine, une expérience dont nous
avons reçu pleine satisfaction, grâce à la parfaite organisation
de votre service d'informations.

Recevez, Monsieur.....

BOUISSET,
Receveur des Domaines.

Ich bestätige Ihnen gern, dass ich mit dem durch Sie
veranlassten Austausch meines Sohnes mit Herrn Professor B.
sehr zufrieden bin. Mein Sohn hat während seines Aufenthaltes
in X. sehr gute Fortschritte In der französichen Sprache
gemacht, während er bei einem späteren kurzen Anfenthalte
in Brüssel nichts gelernt hat Ich werde Ihr Institut, wo ich
kann warm empfehlen. Mit bestem Dank Hochachsungswoll.

F. SCHULTE.

Nancy, le..... 1907.

J'ai le plaisir de vous annoncer que mon séjour en Allemagne
fut des mieux réussis. Je suis tombé dans une famille où je n'ai
eu qu'à me féliciter des soins que j'ai reçus, tant matériels
qu'intellectuels.

Les connaissances que j'ai acquises pendant mon séjour à
Zweibrücken me sont d'une grande utilité pour mes classes. De
plus, le goût de la langue allemande s'est développé chez moi,
et c'est avec plaisir que je m'efforce de traduire les ouvrages
que j'ai rapportés d'Allemagne. Quant à mes parents, ils n'ont
eu qu'à se féliciter de M. Schæfer, qui s'est toujours montré
convenable, sérieux, studieux, d'une excellente éducation, cherchant à acquérir le plus de connaissances possible pendant son
séjour à Nancy. Actuellement, nous échangeons chaque semaine

une lettre que je rédige en allemand et à laquelle il répond en français, afin d'entretenir nos relations amicales et de ne jamais oublier la conversation allemande, et réciproquement pour lui.

C'est à vous, Monsieur, que je dois tous ces résultats ; aussi, permettez-moi de vous exprimer toute ma reconnaissance pour le bon service que vous m'avez rendu.

Veuillez agréer, Monsieur.....

Albert SCHLODENHOFF,
École supérieure, Nancy.

Saint-Dié (Vosges).

Mon fils est rentré de Charlottenburg depuis quelque temps, et je m'empresse de vous adresser mes meilleurs remerciements pour la famille que vous m'avez recommandée. Paul a été satisfait de son séjour à tous les points de vue ; aussi *s'est-il entendu avec son partenaire pour y retourner l'année prochaine.*

M. Marnitz a traité mon fils comme un enfant de la maison Mon fils avait une belle chambre ; la nourriture était excellente. M. Marnitz et toute la famille ont fait leur possible pour rendre le séjour agréable à mon fils et lui faire faire, en même temps, de grands progrès en langue allemande.

Veuillez agréer.....

Mme PARADIS.

Pour un poste de Professeur obtenu.

D'après vos indications, mon fils Martial Mourey s'est adressé à l'École S. à E.; il y a obtenu une place de professeur. Il n'est pas trop occupé, n'ayant guère que trois leçons à donner par jour et il préfère cela, afin d'avoir plus de temps pour étudier l'allemand. Il a des appointements fixes de 100 francs par mois et cela pour deux heures par jour ou quatorze heures par semaine. Pour les heures en supplément, il a 50 0 0 sur ce qu'elles rapportent à l'établissement.

Il est très content de cette situation qu'il a obtenue par votre entremise, et vous en remercie.

Nous serons heureux de pouvoir renseigner les jeunes gens ou jeunes filles qui voudraient aller à l'étranger en leur indiquant votre adresse.

Veuillez.....

L. MOUREY.

Du fils d'un Député allemand.

Ludwigshafen.

Sehr geehrter Herr!

Menschen haben die Gewohnheit eindrucksvolle Ereignisse ihres Lebens nach Verlauf einiger Zeit in Gedanken nochmals zu durchleben, deren Ursache, Verlauf und Folgen zu überdenken. Wenn ich dies tue, kommen mir meine in Frankreich verbrachten Ferien ins Gedächtnis und bringen eine grosse Befriedigung in mir hervor.

Nun drängt es mich vor allem Ihnen, für Ihre selbstlosen Bemühungen meinen herzlichsten Dank auszusprechen. Waren auch die Austauschschreiben infolge besonderer Umstände langwierig, so gelang es doch schliesslich eine beide Seiten befriedigende Verständigung herbeizuführen.

In Toul fand ich eine liebevolle Aufnahme, eine grosse Fürsorge für meine sprachliche Ausbildung. Dank Ihren Bemühungen bin ich jetzt im Stande Sprechende zu verstehen, Briefe ziemlich fehlerlos zu schreiben. Nur zu rasch kam der Tag heran, der an die Abreise mahnte. Die Eltern des Partners waren wahrhaft liebenswürdig zu mir gewesen; alle Personen mit denen ich bekannt wurde begegneten mir zuvorkommend, ja sie gaben sich die Mühe mich überall herumzuführen, mich auf die Sehenswürdigkeiten aufmerksam zu machen. Trotz der Umstände die ich ihnen verursachte, schienen sie doch mein Scheiden zu bedauern; ich meinerseits würde es als grosse Freude empfinden die wieder zu sehen, die mir teuer geworden sind.

Und so haben wir schon bei der Trennung festgesetzt, wenn möglich den Austausch zu wiederholen.

Ich glaube, dies genügt auch dem Gedanken des Austausches Fernstehende von dessen Vorzügen und Nützen zu überzeugen.

Empfangen Sie, sehr geehrter Herr Professor, nochmals meinen herzlichsten Dank. Mit vorzüglicher Hochachtung :

Oskar EHRHART.

P. S. Meine Eltern beauftragen mich Ihnen ihren Gruss zu übermitteln und ihren Dank auszusprechen für die gütige Vermittlung.

D'un Négociant français.

Nous avons attendu le retour de notre fils afin de vous dire si nous étions contents Il est rentré absolument enchanté à tous les points de vue ; d'autre part, nous avons été très contents de M. Oscar Ehrhart et nous avons eu le plaisir de l'entendre parfaitement causer le français. En vous remerciant à nouveau, veuillez agréer.....

M. Froissart.

Lille, le.....

J'ai été on ne peut plus satisfaite du placement de mon fils chez M. le D' R., à Londres. J'ai trouvé dans toute cette famille une sollicitude et des soins vraiment touchants pour mon enfant, en même temps qu'on s'occupait beaucoup de lui pour la langue anglaise. Je suis enchantée à tous égards, et je compte y remettre mon fils aux vacances prochaines.

Avec mes remerciements, veuillez agréer.....

Baronne DE SÉDE.

Je suis heureux de vous annoncer que mon fils a fait bon voyage à l'aller et se trouve enchanté de son séjour à Barmen, dans la famille Besse. Les deux enfants viendront en France le 13 août prochain et nous ferons de notre mieux pour que le jeune Allemand n'ait qu'à se louer de son séjour à O...

Je vous adresse, Monsieur le Professeur, tous mes remerciements pour la diligence que vous avez apportée à nous satisfaire, et vous prie d'agréer.....

Bussy, *pharmacien.*

Belfort.

Je viens porter à votre connaissance les excellents résultats de l'échange que vous m'avez procuré.

Tont d'abord, Mlle Meinecke qui a certainement emporté de son séjour quelque profit, et, si je l'en crois, un bon souvenir, a passé deux mois parmi nous.

Pendant les deux mois suivants, mon fils, accueilli par toute la famille Meinecke comme l'enfant de la maison, a passé à Limbourg des vacances aussi agréables qu'instructives : Visite de la vallée de la Lahn, d'Ems, de Koblentz, même de Francfort et de Wiesbaden, ses hôtes n'ont rien négligé pour le faire, à tous les points de vue, profiter de son séjour. Si j'ajoute que, pendant toute cette période, mon fils n'a pas prononcé ou entendu un mot de français et qu'il est revenu comprenant une conversation courante, vous comprendrez, Monsieur, que je tienne à vous exprimer mes plus sincères remerciements.

Je ne puis vous en donner de meilleur témoignage qu'en vous assurant que vous m'avez définitivement acquis à l'échange, et que je suis fermement décidé à recommencer.

Veuillez agréer, Monsieur, l'expression de mes sentiments les plus distingués.

KRUG-BASSE,
Procureur de la République à Belfort.

Wassy.

Votre lettre est venue me rappeler que j'avais un devoir à remplir : je m'excuse de ne pas m'être assez hâté.

Vous tenez à savoir ce que je pense du séjour de mon fils à Ludwigshafen ? Le plus grand bien ! Il a été gâté là-bas par une mère allemande qui l'aimait comme son propre enfant, et il a fait des progrès extraordinaires dans ses sept semaines de séjour. Chaque jour on lui donnait une leçon et on avait grand soin de l'isoler, de façon qu'il perde de vue complètement le français et la langue française.

J'ai été extrêmement satisfait sous tous les rapports et je vous autorise bien volontiers à faire état de ma lettre, si vous le jugez à propos.

Croyez, Monsieur, à mes remerciements les meilleurs et à mes bons sentiments.

René BERTRAND,
Rédacteur en chef du Spectateur de Wassy.

Le Thillot (Vosges).

Nous avons eu toute satisfaction de l'échange de notre fils Hubert contre Mlle Wendelmuth de Gotha. La jeune fille a

---

Paris.— Professeur de lycée échange son fils unique, âgé de 11 ans, simultanément contre garçon du même âge ou jeune Allemande de 12 à 18 ans, de la *Pentecôte à Octobre 1908*. Région de Landau (Pfalz) préférée passé environ cinq semaines avec nous ; charmante, de gai caractère, parlant assez correctement le français, elle a été pour Mme B. une véritable fille d'adoption, et c'est avec regret qu'on l'a laissée rentrer en Allemagne où Hubert, à son tour, a été accueilli comme un véritable enfant gâté. On était aux petits soins pour lui ; on s'efforçait de le distraire par des promenades et des excursions ; on lui a fait faire d'agréables connaissances ; bref, au moment du départ, les adieux étaient bien tristes de part et d'autre. Mais on se quittait avec le ferme espoir de reprendre l'an prochain, si les circonstances le permettent, un nouvel échange. Au point de vue des progrès en allemand, Hubert a beaucoup gagné et il soutient maintenant, sans difficulté, une conversation courante.

Il me reste à vous remercier une nouvelle fois, Monsieur, du service que vous avez bien voulu me rendre, en me donnant les renseignements nécessaires pour cette installation familiale à l'étranger ; soyez assuré de ma sincère gratitude et recevez l'assurance de mes sentiments les plus distingués.

Docteur Brallet.

D'un Chimiste allemand.

Es ist mir eine angenehme Pflicht zu bezeugen dass ich mit dem Erfolg des durch Sie vermittelten Austausches meines Sohnes gegen einen jungen Franzosen in den Jahren 1906 u. 1907 sehr zufrieden bin.

Ganz abgesehen davon, dass diese Institution das gegenseitige Verständnis dieser beiden grossen Nationen fördert und zu einer freundschaftlichen Gestaltung ihrer Beziehungen zu einander wesentlich beiträgt, sehe ich in dem Austausch namentlich für weniger vermögende Familien ein bequemes, mit den geringsten Kosten verbundenes Mittel, ihren Kindern die mühelose Erlernung des Sprechens und Verstehens einer fremden Sprache innerhalb der kürzesten Zeit zu ermöglichen.

Ich kann daher allen Familien, die sich der Bedeutung des Beherrschens einer fremden Sprache im Zeitalter des Verkehrs bewusst sind, nicht warm genug den Austauch ihrer Kinder empfehlen.

Hochachtungsvoll.

Dr Phil. Wilhelm Berns,
Chemiker.

D'un Négociant.

Je me fais, Monsieur, en réponse à votre demande, un réel plaisir de vous dire toute la satisfaction que j'ai éprouvée de l'échange réalisé par vos soins.

Mon fils a trouvé dans la famille P., d'Elberfeld, où il a passé ses vacances dernières, l'accueil le plus sympathique, le confortable le plus large et les soins les plus empressés.

Je ne manquerai pas, soyez-en persuadé, de recommander votre Bureau scolaire international à tous les pères de famille qui désireraient envoyer leurs fils à l'étranger.

Avec tous mes remerciements, veuillez agréer, Monsieur, mes plus sincères salutations. A. FELLOT.

D'un Répétiteur de Collège.

Il y a cinq mois, je m'étais adressé à vous pour avoir certains renseignements relatifs à un voyage que j'avais l'intention de faire en Allemagne. Grâce à vous, j'ai fait un séjour si avantageux et si agréable qu'au lieu d'y rester deux mois, comme j'en avais tout d'abord l'intention, j'y suis resté cinq mois. C'est seulement l'approche de l'hiver qui m'a fait quitter la charmante ville de Goslar. Je possède maintenant presque parfaitement la langue allemande, et cela, Monsieur, grâce à vous.

Je vous en remercie bien vivement et ne puis m'empêcher d'admirer l'œuvre à laquelle vous vous consacrez.

Veuillez agréer..... PROT.

Kempten i. Allgäu.

Sehr geehrter Herr Professor,

Entschuldigen Sie, bitte, dass ich erst heute dazu komme Ihre höfliche Anfrage zu beantworten und Ihnen zugleich meinen herzlichsten Dank für Ihre gütige und glückliche Vermittlung auszusprechen. Von dem Aufenthalt in Frankreich war ich durchaus in allen Punkten befriedigt.

Herr Boulsset griff mir bei meinen Studien in freundlichster Weise kräftig unter die Arme, ausserdem förderte der stetige Verkehr mit Leuten, die des Deutschen nicht mächtig waren, gewaltig die Kenntnisse in der Konversation.

Die besten Früchte Ihrer liebenswürdigen Vermittlung bestanden aber darin, dass ich unsere Nachbaren nicht nur kennen, sondern auch schätzen lernte.

Indem ich Ihnen also nochmals den herzlichsten Dank für Ihre freundliche Bemühungen ausspreche und mich gern bereit erkläre Ihr Unternehmen jeder Zeit zu fördern grüsse ich sie hochachtungswollst.

Hermann REINSCH,
Stud. Litt.
p. adr. Herrn Direktionsrat Reinsch.

Bureau scolaire international français

Echange des Enfants et des Jeunes Gens

POUR L'ÉTUDE DES LANGUES VIVANTES

Victor WILLEMIN, professeur de langues vivantes
VILLA MONPLAISIR, ÉPINAL (VOSGES)

Renseignements à fournir par les Familles voulant faire l'échange

(Dans l'intérêt réciproque des échangés, les réponses doivent être faites exactement.

DATE :

1° Nom et adresse des parents :
2° Situation, profession ou occupation des parents :
3° Composition de la famille :   Age et sexe des enfants :
4° Nom, prénoms, âge du candidat à l'échange :
5° Quelles notions a-t-il d'une langue étrangère, et laquelle ?
6° Ecole ou établissement où il est élève ?
7° Pour quel pays veut-on faire l'échange ?   De préférence, pour quelle région ou province ?
8° Vers quelle date doit être fait l'échange, au plus tard ?
9° Pour quelle durée approximative ?
10° Les séjours seront-ils simultanés ou successifs ?
11° Le candidat jouit-il d'une bonne santé ?
12° a) Avez-vous une préférence pour recevoir : un enfant, un jeune homme, ou une jeune fille, — ou bien cela vous est-il indifférent ?
   b) Quel âge extrême ?
13° Comment sera couché l'échangé ?
   Pouvez-vous lui donner chez vous une chambre indépendante ?
   Si l'échangé est demandé pour toute l'année :
14° Quelles écoles pourra fréquenter l'échangé :
   a) Si c'est un garçon de moins de treize ou quatorze ans :

b) Si c'est une fille de moins de treize ou quatorze ans :

c) Si c'est un jeune homme :

d) Si c'est une jeune fille :

15° Situation géographique de la ville, climat, avantages divers :

16° Renseignements complémentaires de nature à faciliter l'échange :

17° Recommandation de M. } Professeur à
} Directeur à

Ou références :

18° Droit d'inscription de 10 francs, 8 mark, 8 shillings.

19° Photographie et certificat médical.

20° Religion.

N. B. Toute demande de renseignements doit être accompagnée d'un « Coupon-réponse international ».

Renseignements à fournir par les candidats ou candidates à DES POSTES de PRÉCEPTEURS, de PROFES-SEURS ou d'INSTITUTRICES à l'étranger.

1° Nom et prénoms :

Date de naissance :

2° Adresse exacte :

3° Diplômes et références, certificats.

4° Nature du poste demandé, famille, école ou pensionnat ?

Quelle langue parlez-vous ?

Etes-vous musicienne ?

5° Pour combien de temps et pour quel pays ?

Pour quelle époque au plus tard ?

6° Religion :

N. B. Joindre photographie, certificats et références.
Toute demande de renseignements doit être accompagnée d'un « Coupon-réponse international ».

SÉJOURS FAMILIAUX A L'ÉTRANGER

Renseignements à fournir par les familles désirant envoyer un de leurs enfants à l'étranger A TITRE DE PENSIONNAIRE PAYANT.

1° Nom et prénoms, profession et adresse du père de famille.

2° Nom, prénoms, âge du candidat.

3° Dans quelle classe du lycée est-il ?

4° Dans quel pays désire-t-il être envoyé, dans quelle région ?

5° Pour combien de temps et à partir de quelle époque ?

6° Désire-t-il village, grande ville ou petite ville ?

7° Désire-t-il une famille de professeur de lycée ou d'instituteur ?

8° Une famille catholique ou une famille protestante ?

9° Désire-t-il être seul Français dans la famille ?

N. B. Toute demande de renseignements doit être accompagnée d'un « Coupon-réponse international ».

Bureau scolaire international français

VICTOR WILLEMIN

Villa Monplaisir — ÉPINAL (Vosges)

(6ᵉ année)

SUPPLÉMENT GRATUIT de
" Nos Fils à l'Etranger "
1908 (Prix : 1 fr.)

Droits de reproduction et de traduction réservés.

Industriel (Blaudruckerei u. Färberei) de la région d'Elberfeld-Barmen, échange aux vacances un fils de 19 ans, de préférence contre jeune fille française. — 1 fils 12 ans et 2 filles 16 et 19 ans.

Rentière de Barmen échange une jeune fille de 22 ans, institutrice, contre jeune Français à partir de 14 ans. — 1 fils 17 ans, une autre fille de 20 ans.

Directeur de grande administration de l'Etat, à Francfort, échange *pour six mois* une fille de 18 ans. — 1 fils de 16 ans, 2 filles de 14 et 20 ans.

Directeur d'Oberrealschule échange, *pour un an*, une fille de 16 ans contre une jeune Française ou deux jeunes Français.

Distillateur dans la plus belle partie du Rhin échange, aux vacances, une fille de 20 ans, 2 garçons de 14 et 15 ans.

Pharmacien, région de Dortmund, échange une fille de 16 ans aux vacances — 2 garçons 11 et 3 ans.

COUPON-RÉPONSE INTERNATIONAL

Nous rappelons que pour la correspondance internationale, tous les Bureaux de poste de l'*Union postale universelle* tiennent à la disposition du public le « *Coupon-Réponse international* », d'une valeur de o fr. 25 centimes. Pfennig : 20. — Il n'est pas répondu aux lettres ne contenant pas un de ces coupons.

MANDATS-POSTE FRANÇAIS

Nous rappelods également aux Allemands, Suisses et Autrichiens résidant en France, que l'expéditeur d'un mandat-poste français doit insérer
ce mandat dans la lettre à l'adresse du destinataire et en garder seulement
le talon par devers lui. Il arrive souvent que ces Etrangers conservent,
par ignorance, le mandat proprement dit et le talon, dans la pensée que
l'administration postale fera le nécessaire, comme en Allemagne, alors
qu'il n'en est rien.

INSTALLATION FAMILIALE A L'ÉTRANGER

Le *Bureau* se tient à la disposition des Etrangers pour les installer
dans des familles françaises, allemandes ou anglaises, dans lesquelles ils
seront seuls pensionnaires de leur nationalité, coudition essentielle de
tout progrès.

Quelques Attestations pour l'année 1907

Elberfeld, le 4/12 1907.

Sehr geehrter Herr Professor,

Mit grossem Vergnügen gebe ich Ihnen Auskunft über die
Erfahrungen, die wir bezüglich des Austausches meiner Tochter
gemacht haben. Wie Sie wohl wissen kam meine 21 jähri.
Tochter im Juni dieses Jahres in das Haus des M. V. für einen
Aufenthalt von drei Monaten zunächst, während eine Tochter
der Familie V. im nächsten Jahre zu uns kommen sollte.

Wie meine Tochter schrieb, wurde sie in der Familie sehr
freundlich aufgenommen und fühlte sich, besonders da zwei
ihr etwa im Alter gleichstehende Töchter im Hause sind, bald
heimisch. Die Familie V. siedelte im Juli nach ihrem Landgute
über und dort verlebte meine Tochter eine sehr schöne Zeit. Da
sie das Lehrerinnenexamen gemacht und Mlle Germaine V.
eine ähnliche Vorbildung genossen, unterrichteten die jungen
Mädchen sich gegenseitig im Französischen und Deutschen,
Auch hatte meine Tochter viel Gelegenheit, Französisch zu

hören und zu sprechen weil die Familie V. oft viel Besuch hatte. Da die Mlle V. gut Klavier spielen, wurde viel musiziert und meine Tochter fand viel Vergnügen daran. Auf beiderseitigen Wunsch wurde der Aufenthalt meiner Tochter bei der Familie V. sehr verlängert, so dass meine Tochter erst Weihnachten von dort hierhin zurückkehren wird. Der Aufenthalt auf dem Landgute hat meiner Tochter auch in gesundheitlicher Beziehung sehr gut getan. Ich freue mich schon darauf, Mlle V. nächstes Jahr in meinem Hause zu begrüssen und hoffe, dass ein Verweilen in der hiesigen Gegend ihr auch gut gefallen wird. Indem ich Ihnen für Ihre Bemühungen im Dienste dieser guten Sache herzlich danke, bin ich, mit vorzüglicher Hochachtung,

Ihre Frau MITTENDORF.
29, *Strassburgerstr., Elberfeld.*

D'un président du tribunal.

J'ai été très satisfait du séjour de mon fils dans la famille Zirkel. Il a conservé de ses hôtes le meilleur souvenir.

M. Wilhelm Zirkel, le fils aîné, lui donnait des leçons d'allemand, et sous sa direction il a fait de sérieux progrès. J'en ai été si heureux que j'ai offert à mes frais le voyage de R... à P... à M. Wilhelm qui a ramené mon fils en France.

Veuillez agréer.....

Elberfeld, den 4/11 07.

Von einer Reise zurückgekehrt, finden wir Ihr w. Schreiben vor. Ich freue mich sehr Ihnen mitteilen zu können, dass wir mit dem Austausch in jeder Beziehung sehr zufrieden waren. Mein Töchterchen wurde freundlich aufgenommen, gut verpflegt und jedem schlechten Einfluss ferngehalten. Im eintretenden Falle erlaube ich mir mich wieder an sie zu wenden. Ergebenst.

Frau Eisenbahnbau u. Betriebinspektor Prange.
Elberfeld.

D'un comptable des Vosges.

Monsieur,

Je suis très heureux de m'être adressé à vous pour l'échange de mon fils en Allemagne. Comme il n'avait jamais voyagé, j'ai dû le conduire jusqu'à Metz ; là, je l'ai laissé seul, en le recommandant à la bienveillante attention d'un employé de la gare de Metz, qui a été pour lui d'une complaisance inouïe. L'enfant est allé seul de Metz à Cologne et a voyagé une partie de la nuit. A Cologne, il a été reçu par M' M... Je ne sais comment m'exprimer pour vous décrire l'accueil cordial que mon fils a reçu dans cette famille : il a été traité comme l'enfant de la maison, et même gâté. Mme L... était aux petits soins pour lui et l'enfant l'appelait maman. Il a eu vite fait de faire des camarades, songez qu'il n'a que 10 ans ; tous les jours il faisait de nouvelles connaissances, et ses petits amis venaient souvent chez M. L... pour jouer avec le petit Français, comme ils l'appelaient. Mon fils ne cesse de me répéter toutes les bontés qu'on a eues pour lui en Allemagne, tant chez M. L... que chez les parents et amis de ce Monsieur : chacun voulait l'avoir quelques jours chez soi. L'enfant ne devait y rester qu'un mois ; mais il s'y plaisait tellement que je dus, sur sa demande, prolonger son séjour de quinze jours. L'enfant est revenu seul de Cologne à Metz. Il nous a demandé l'autorisation de retourner là-bas l'année prochaine.

J'ai eu en échange, pendant un mois, le fils de M. L... Ce jeune homme connaissait déjà un peu de français ; il était fort bien élevé et tous mes amis me complimentaient sur lui. Il trouvait que le temps passait trop vite, et auraitvoulu avoir aussi une prolongation ; mais la rentrée des classes en Allemagne ayant lieu plus tôt qu'en France, il dut nous quitter. Il savait tellement se faire aimer que toute la maison l'avait pris en affection et que nous l'aimions comme notre enfant. Aussi est-ce avec un gros serrement de cœur que nous le conduisîmes à la gare. Depuis son retour, il nous écrit souvent ; il nous a remerciés en vers qu'il a composés lui-même et qui nous ont beaucoup touchés.

Je suis très satisfait de la première sortie de mon fils, et je n'aurais jamais cru qu'en six semaines il pût apprendre et retenir autant d'allemand. Aussi suis-je déjà en pourparlers avec cette famille pour qu'il y retourne l'an prochain pour au moins trois mois.

Avec nos remerciements, etc....

C. ALEXANDRE,

Bremen.

Ayant passé, après mon retour de chez M. Thomas, encore quelques semaines chez nous, je suis heureux de pouvoir vous écrire que je suis bien content de mon voyage, et j'espère que M. Thomas fils pourra en dire autant de son côté.

Recevez, Monsieur, l'assurance de mes sentiments reconnaissants et distingués.

Alf. BIETENHOLZ.

Nancy, le....

Je viens vous remercier de l'échange que vous nous avez procuré cette année. Mon fils est allé passer un mois à Barmen, chez M. B..., où il a été très bien reçu. Le fils de ce Monsieur est venu à la maison passer le même laps de temps et est reparti enchanté. Nous resterons avec plaisir en bonnes relations avec cette famille.

Avec nos remerciements, etc....

BROCK,

D'un Négociant allemand.

L'échange de mon garçon avec M. Pierre Bailly ayant pris fin, je me fais un devoir de vous faire connaître que nous sommes très satisfaits d'avoir trouvé cette occasion. Les deux jeunes gens ont très bien profité de leurs séjours à l'étranger. Nous vous remercions bien sincèrement et nous vous dirons que nous avons *l'intention de faire lemême échange l'année prochaine.*

Engelbert MARMANNI

Le Thillot (Vosges).

Maintenant je suis prête à quitter la belle France, le Thillot, après un séjour que je n'oublierai jamais. M. et M⁰ᵉ B. m'ont reçue avec une amabilité telle que j'étais bientôt devenu l'enfant gâtée de la famille. Je suis très heureuse de m'être adressée à vous pour cet échange.

Je vous remercie encore une fois de tout ce que vous avez fait pour moi. Agréez, Monsieur, etc.....

Gertba WENDELMUTH.

Aschaffenbourg, Munchstr., 2.

Geehrter Herr Professor,

Nachdem sie bereits seit einer Reihe von Jahren meine drei Söhne während der Herbstferien in verschiedene Familien und an verschiedenen Orten Frankreichs sehr gut untergebracht haben, halte ich es für meine Pflicht Ihnen hiefür meinen Dank auszusprechen. Meine Söhne waren jedesmal freundlich aufgenommen, und kehrten befriedigt, erholt und angeregt aus den Ferien ins Elternhaus zurück. Die herzlichen Beziehungen zu den gastlichen Familien und die ihnen gewordenen liebenswürdigen Unterweisungen haben ihr Interesse an der französischen Sprache, sichtlich erhöht. Ich kann meinen Landsleuten nur empfehlen, Söhne, welche die oberen Klassen der Mitelschulen besuchen, durch Ihre uneigennützige Vermittlung in französische Familien unterzubringen oder was noch mehr anzuraten ist, durch den gegenseitigen Austausch von Kindern während der Ferien eine immer engere Fühlung, und besseres Verständnis mit dem uns benachbarten Kulturvolk anzubahnen.

Prof. Dʳ M. CONRAD.

a. d. forestlichen Hochschule.

Rosières-aux-Salines (Meurthe-et-Moselle).

Je puis vous dire que l'échange de mon fils en Alsace a été d'une réelle utilité pour lui. Du côté familial, il est élevé aussi bien qu'il pourrait l'être chez moi. Je dis : il est, car, en effet, il reste encore dans cette famille jusqu'au printemps prochain, et en échange, j'ai repris une jeune fille de cette famille qui vient aussi apprendre le français. Le jeune homme, lui, est reparti dans le courant de septembre, ayant assez bien appris le français.

Mon fils a fait des progrès très notables ; il parle couramment l'allemand. Il fréquente très régulièrement l'école. Du reste, il y a huit jours, j'étais à Betendorf et j'ai pu juger par moi-même des progrès qu'il a faits. Je suis donc heureux de vous réitérer, par ce courrier, mes respectueux remerciments.

H. Mathieu.

D'un greffier de la justice de paix.

J'ai été très satisfait de la façon patriarcale dont M. Marmann a reçu mon jeune fils Pierre. A tous points de vue, mon fils a été soigné et nourri d'une façon convenable ; aussi, lorsque le jeune Marmann est venu à la maison je me suis efforcé de le distraire et de lui faire visiter notre beau département.

Je crois que ce jeune Allemand a été content de son séjour en France, et j'ose espérer qu'il reviendra l'an prochain. Pour moi, je compte bien renvoyer Pierre à Traben-Trarbach.

Je vous remercie de votre bonne intervention, et souhaite que beaucoup de mes compatriotes emploient ce moyen, qui est le seul bon.

Agréez, Monsieur.....

J. Bailly.

Baume-les-Dames.

Je me félicite des excellents résultats dus au séjour pendant les vacances de mon fils en Allemagne.

Grâce aux références que vous avez eu soin d'exiger des familles, nous avons été fort satisfaits également de la présence parmi nous, au cours de la même période, du jeune Allemand qui nous a quittés, du reste, avec regret.

Les qualités de tenue, de tact et de bonne éducation de notre jeune étranger ont effacé dès le début l'appréhension qu'éprouve, à tort tout chef de famille français à l'égard de l'Allemand admis au foyer familial.

Il est à souhaiter que votre bienveillante intervention développe les rapports avec nos voisins de l'Est par un échange de relations de nature à effacer l'impression pénible et toujours fausse, résultant d'une insuffisance de fréquentation que le développement intellectuel et économique des deux pays impose impérieusement.

Si les circonstances nous le permettent, d'ailleurs, nous désirons renouveler, l'année prochaine, une expérience dont nous avons reçu pleine satisfaction, grâce à la parfaite organisation de votre service d'informations.

Recevez, Monsieur...,

BOUISSET,
Receveur des Domaines.

Ich bestätige Ihnen gern, dass ich mit dem durch Sie veranlassten Austausch meines Sohnes mit Herrn Professor B. Sehr zufrieden bin. Mein Sohn hat während seines Aufenthaltes in X. sehr gute Fortschritte In der franzsichen Sprache gemacht, während er bei einem späteren kurzen Aufenthalte in Brüssel nitchts gelernt hat. Ich werde Ihr Institut, wo ich kann warm epmfehlen. Mit bestem Dank Hochachsungswoll.

E. SCHULTE.

Nancy, le.... 1907.

J'ai le plaisir de vous annoncer que mon séjour en Allemagne fut des mieux réussis. Je suis tombé dans une famille où je n'ai eu qu'à me féliciter des soins que j'ai reçus, tant matériels qu'intellectuels.

Les connaissances que j'ai acquises pendant mon séjour à Zweibrücken me sont d'une grande utilité pour mes classes. De plus, le goût de la langue allemande s'est développé chez moi, et c'est avec plaisir que je m'efforce de traduire les ouvrages que j'ai rapportés d'Allemagne! Quant à mes parents, ils n'ont eu qu'à se féliciter de M. Schœfer, qui s'est toujours montré convenable, sérieux, studieux, d'une excellente éducation, cherchant à acquérir le plus de connaissances possible pendant son séjour à Nancy. Actuellement, nous échangeons chaque semaine une lettre que je rédige en allemand et à laquelle il répond en français, afin d'entretenir nos relations amicales et de ne jamais oublier la conversation allemande et réciproquement pour lui.

C'est à vous, Monsieur, que je dois tous ces résultats; aussi, permettez-moi de vous exprimer toute ma reconnaissance pour le bon service que vous m'avez rendu.

Veuillez agréer, Monsieur....

Albert SCHLODENGOFF,
École supérieure, Nancy.

Saint-Dié (Vosges).

Mon fils est rentré de Charlottenburg depuis quelque temps, et je m'empresse de vous adresser mes meilleurs remerciements pour la famille que vous m'avez recommandée. Paul a été satisfait de son séjour à tous les points de vue; aussi *s'est-il entendu avec son partenaire pour y retourner l'année prochaine.*

M. Marnitz a traité mon fils comme un enfant de la maison. Mon fils avait une belle chambre; la nourriture était excellente. M. Marnitz et toute la famille ont fait leur possible pour rendre le séjour agréable à mon fils et lui faire faire, en même temps, de grands progrès en langue allemande.

Veuillez agréer....   Mme PARADIS.

Pour un poste de professeur obtenu.

D'après vos indications, mon fils Martial Mourey s'est adressé à l'école S..., à E..; il y a obtenu une place de professeur. Il n'est pas trop occupé, n'ayant guère que trois leçons à donner par jour, et il préfère cela, afin d'avoir plus de temps pour étudier l'allemand. Il a des appointements fixes de 100 francs par mois et cela pour deux heures par jour ou quatorze heures par semaine. Pour les heures en supplément, il a 50 0/0 sur ce qu'elles rapportent à l'établissement.

Il est très content de cette situation qu'il a obtenue par votre entremise, et vous en remercie.

Nous serons heureux de pouvoir renseigner les jeunes gens ou jeunes filles qui voudraient aller à l'étranger, en leur indiquant votre adresse.

Veuillez....   L. MOUREY.

Du fils d'un député allemand.

Ludwigshafen.

Sehr geehrter Herr !

Menschen haben die Gewohnheit eindrucksvolle Ereignisse ihres Lebens nach Verlauf einiger Zeit in Gedanken nochmals zu durchleben, deren Ursache, Verlauf und Folgen zu überdenken. Wenn ich dies tue, kommen mir meine in Frankreich verbrachten Ferien ins Gedächtnis und bringen eine grosse Befriedigung in mir hervor.

Nun drängt es mich vor allem Ihnen, für Ihre selbstlosen Bemühungen meinen herzlichsten Dank auszusprechen. Waren auch die Austauschschreiben infolge besonderer Umstände langwierig, so gelang es doch schliesslich eine beide Seiten befriedigende Verstän digung herbeizuführen.

In Toul fand ich eine liebevolle Aufnahme, eine grosse Fürsorge für meine sprachliche Ausbildung. Dank Ihren Bemühungen bin ich jetzt im Stande Sprechende zu verstehen, Briefe ziemlich fehlerlos zu schreiben. Nur zu rasch kam der Tag heran, der an die Abreise mahnte. Die Eltern des Partners waren wahrhaft liebenswürdig zu mir gewesen ; alle Personen mit denen ich bekannt wurde begegneten mir zuvorkommend, ja sie gaben sich die Mühe mich überall herumzuführen, mich auf die Sehenswürdigkeiten aufmerksam zu machen. Trotzder Umstände die ich ihnen verursachte, schienen sie doch mein Scheiden zu bedauern ; ich meinerseits würde es als grosse

Freude empfinden die wieder zu sehen, die mir teuer geworden sind.

Und so haben wir schon bei der Trennung festgesetzt, wenn möglich den Austausch zu wiederholen.

Ich glaube, dies genügt auch dem Gedanken des Austausches Fernstehende von dessen Vorzügen und Nützen zu überzeugen.

Empfangen Sie, sehr geehrter Herr Professor, nochmasl meinen herzlichsten Dank. Mit vorzüglicher Hochachtung:

Oskar Ehrhart.

P. S. Meine Eltern beauftragen mich Ihnen ihren Gruss zu übermitteln und ihren Dank auszusprechen für die gütige Vermittlung.

D'un négociant français.

Nous avons attendu le retour de notre fils afin de vous dire si nous étions contents. Il est rentré absolument enchanté à tous les points de vue ; d'autre part, nous avons été très contents de M. Oscar Ehrhart et nous avons eu le plaisir de l'entendre parfaitement causer le français. En vous remerciant à nouveau, veuillez agréer....

M. Froissart.

Lille, le.....

J'ai été on ne peut-plus satisfaite du placement de mon fils chez M. le Dr R..., à Londres. J'ai trouvé dans toute cette famille une sollicitude et des soins vraiment touchants pour mon enfant, en même temps qu'on s'occupait beaucoup de lui pour la langue anglaise. Je suis enchantée à tous égards, et je compte y remettre mon fils aux vacances prochaines.

Avec mes remerciements, veuillez agréer.....

Baronne DE Séde.

Je suis heureux de vous annoncer que mon fils a fait bon voyage à l'aller et se trouve enchanté de son séjour à Barmen, dans la famille Besse. Les deux enfants viendront en France le 13 août prochain et nous ferons de notre mieux pour que le jeune Allemand n'ait qu'à se louer de son séjour à O...

Je vous adresse, Monsieur le Professeur, tous mes remerciements pour la diligence que vous avez apportée à nous satifaire, et vous prie d'agréer.....

BUSSY, pharmacien.

Belfort.

Je viens porter à votre connaissance les excellents résultats de l'échange que vous m'avez procuré.

Tout d'abord, Mlle Meinecke, qui a certainement emporté de son séjour quelque profit, et, si je l'en crois, un bon souvenir, a passé deux mois parmi nous.

Pendant les deux mois suivants, mon fils, accueilli par toute la famille Meinecke comme l'enfant de la maison, a passé à Limbourg des vacances aussi agréables qu'instructives : Visite de la vallée de la Lahn, d'Ems, de Koblentz, même de Francfort et de Wiesbaden; ses hôtes n'ont rien négligé pour le faire, à tous les points de vue, profiter de son séjour. Si j'ajoute que, pendant toute cette période, mon fils n'a pas entendu ou prononcé un mot defrançais et qu'il est revenu comprenant une conversationcourante, vous comprendrez, Monsieur, que je tienne à vous exprimer mes plus sincères remerciements.

Je ne puis vous en donner de meilleur témoignage qu'en vous assurant que vous m'avez définitivement acquis à l'échange, et que je suis fermement décidé à recommencer.

Veuillez agréer, Monsieur, l'expression de mes sentiments les plus distingués.

KRUG-BASSE,
Procureur de la République à Belfort.

Wassy.

Votre lettre est venue me rappeler que j'avais un devoir à remplir : je m'excuse de ne pas m'être assez hâté.

Vous tenez à savoir ce que je pense du séjour de mon fils à Ludwigshafen? Le plus grand bien! Il a été gâté là-bas par une mère allemande qui l'aimait comme son propre enfant, et il a fait des progrès extraordinaires dans ses sept semaines de séjour. Chaque jour on lui donnait une leçon et on avait grand soin de l'isoler, de façon qu'il perde de vue complètement le français et la langue française.

J'ai été extrêmement satisfait sous tous les rapports et je vous autorise bien volontiers à faire état de ma lettre, si vous le jugez à propos.

Croyez, Monsieur, à mes remerciements les meilleurs et à mes bons sentiments.

René BERTRAND,
Rédacteur en chef du Spectateur de Wassy.

Le Thillot (Vosges).

Nous avons eu toute satisfaction de l'échange de notre fils Hubert contre Mlle Wendelmuth de Gotha. La jeune fille a passé environ cinq semaines avec nous; charmante, de gai caractère, parlant assez correctement le français, elle a été pour Mme B... une véritable fille d'adoption, et c'est avec regret qu'on l'a laissée rentrer en Allemagne où Hubert, à son tour, a été accueilli comme un véritable enfant gâté. On était aux petits soins pour lui; on s'efforçait de le distraire par des promenades et des excursions; on lui a fait faire d'agréables connaissances; bref, au moment du départ les adieux étaient bien tristes de part et d'autre. Mais on se quittait avec le ferme espoir de reprendre l'an prochain, si les circonstances le permettent, un nouvel échange. Au point de vue des progrès en allemand, Hubert a beaucoup gagné et il soutient maintenant, sans difficulté, une conversation courante.

Il me reste à vous remercier une nouvelle fois, Monsieur, du service que vous avez bien voulu me rendre, en me donnant les renseignements nécessaires pour cette installation familiale à l'étranger; soyez assuré de ma sincère gratitude et recévez l'assurance de mes sentiments les plus distingués.

Docteur BRALLET.

D'un chimiste allemand.

Es ist mir eine angenehme Pflicht zu bezeugen dass ich mit dem Erfolg des durch Sie vermittelten Austausches meines Sohnes gegen einen jungen Franzosen in den Jahren 1906 u. 1907 sehr zufrieden bin.

Ganz abgesehen davo, dass diese Institution das gegenseitige Verständnis dieser beiden grossen Nationen fördert und zu einer freundschaftlichen Gestaltung ihrer Beziehungen zu einander wesentlich beiträgt, sehe ich in dem Austausch, namentlich für weniger vermögende Familien, ein bequemes, mit den geringsten Kosten verbundenes Mittel, ihren Kindern die mühelose Erlernung des Sprechens und Verstehens einer fremden Sprache innerhalb der kürzesten Zeit zu ermöglichen.

Ich kann daher allen Familien, die sich der Bedeutung des Beherrschens einer fremden Sprache im Zeitalter des Verkehrs bewusst sind, nicht warm genug den Austauch ihrer Kinder empfehlen.

Hochachtungswoll.

Dr Phil. Wilhelm BERNS,
Chemiker,

D'un négociant.

Je me fais, Monsieur, en réponse à votre demande, un réel plaisir de vous dire toute la satisfaction que j'ai éprouvée de l'échange réalisé par vos soins.

Mon fils a trouvé dans la famille P..., d'Elberfeld oùil a passé ses vacances dernières, l'accueil le plus sympathique, le confortable le plus large et les soins les plus empressés;

Je ne manquerai pas, soyez-en persuadé, de recommander votre Bureau scolaire international à tous les pères de famille qui désireraient envoyer leurs fils à l'étranger.

Avec tous mes remerciements, veuillez agréer, Monsieur, mes plus sincères salutations.

A. Fellot.

D'un répétiteur de collège.

Il y a cinq mois, je m'étais adressé à vous pour avoir certains renseignements relatifs à un voyage que j'avais l'intention de faire en Allemagne. Grâce à vous, j'ai fait un séjour si avantageux et si agréable qu'au lieu d'y rester deux mois, comme j'en avais tout d'abord l'intention, j'y suis resté cinq mois. C'est seulement l'approche de l'hiver qui m'a fait quitter la charmante ville de Goslar. Je possède maintenant presque parfaitement la langue allemande, et cela, Monsieur, grâce à vous.

Je vous en remercie bien vivement et ne puis m'empêcher d'admirer l'œuvre à laquelle vous vous consacrez.

Veuillez agréer.....

Prot.

Kempten i. Allgäu.

Sehr geehrter Herr Professor,

Entschuldigen Sie, bitte, dass ich erst heute dazu komme Ihre höfliche Anfrage zu beantworten und Ihnen zugleich meinen herzlichsten Dank für Ihre gütige und glückliche Vermittlung auszusprechen. Von dem Aufenthalt in Frankreich war ich durchaus in allen Punkten befriedigt.

Herr Bouisset griff mir bei meinen Studien in freundlichster Weise kräftig unter die Arme, ausserdem förderte der stetige Verkehr mit Leuten, die des Deutschen nicht mächtig waren, gewaltig die Kenntnisse in der Konver sation.

Die besten Früchte Ihrer liebenswürdigen Vermittlung bestanden aber darin, dass ich unsere Nachbaren nicht nur kennen, sondern auch schätzen lernte.

Indem ich Ihnen also nochmals den herzlichsten Dank für Ihre freundliche Bemühungen ausspreche und michgern bereit erkäre Ihr Unternehmen jeder Zeit zu fördern grüsse ich Sie hochachtungswollst,

Hermann REINSCH,
Stud. Litt,
p. adr. Herrn Direktionsrat Reinsch,

Du Même Auteur.

Nos Fils à l'Etranger

PUBLICATION ANNEXÉE AU

Bureau Scolaire International français

POUR

*L'échange et le placement familial des Enfants
à l'Etranger*

Par Victor. WILLEMIN

Villa Monplaisir, ÉPINAL (Vosges)

co...enant les distances kilométriques, tarifs et durées des trajets entre les villes allemandes les plus fréquentées par les jeunes Français; les conditions de l'installation familiale en Allemagne; un grand nombre d'attestations émanant des familles ayant eu recours aux bons offices du Bureau, des adresses de pensions, etc.

FRANCO POSTE : 1 FR.

Pour paraître en Septembre 1908.

2ᵉ Année. — Octobre 1908 à Janvier 1910

AGENDA SCOLAIRE
ENCYCLOPÉDIQUE

Joli volume de poche in-32 petit Jésus, relié toile souple de 300 pages.

Franco poste : 1 fr. 35

TABLE DES MATIÈRES — 1ʳᵉ PARTIE
Chronologie et Comptabilité scolaire

Chronologie pour 1909.

Le « Soin ».

Table des matières.

Emploi du temps (tableau).

Fêtes mobiles de 1907 à 1916.

A nos lecteurs.

Tableau pour les dates, places et points des compositions trimestrielles et mes cartons de tir.

Tableau pour mes notes trimestrielles et mes inscriptions au tableau d'honneur. — Exemptions méritées.

Etat civil ; dates de ma première communion, de mon entrée au Collège, de ma revaccination. — Cadre pour ma photographie.

Tableau pour les dates des vacances. — Numéros importants à retenir. — Tarifs postaux.

Tableau pour les sorties en ville. — Mon argent de poche.

Mes professeurs.

Mes camarades de classe.

Liste de mes livres.

Livres empruntés.

Livres prêtés.

Fêtes à souhaiter.

Adresses à retenir.

2ᵉ PARTIE
Agenda proprement dit.

160 pages, avec, pour chaque jour, des éphémérides historiques, scientifiques et littéraires. Il offre cette particularité remarquable qu'il embrasse *15 mois et* du *1ᵉʳ octobre 1908* au *1ᵉʳ janvier 1910*.

3ᵉ Partie

« De tout un peu. »

Liste complète et par ordre alphabétique des verbes irréguliers latins (609 verbes).
Abréviations latines usuelles et chiffres romains.
Verbes irréguliers français et leur conjugaison complète.
Verbes irréguliers allemands. Temps principaux.
Verbes irréguliers anglais.   *id.*
Tableau synoptique de l'histoire et des rois de France jusqu'à Louis-Philippe.
Les dates principales de l'histoire générale moderne et contemporaine.
La France par départements — chefs-lieux et sous-préfectures.
Les plus grands fleuves de l'Europe et des autres parties du monde.
Les Universités françaises et étrangères du monde entier.
Table des carrés, cubes, racines carrées et cubiques, circonférence du cercle et sa surface pour les nombres de 1 à 100.
Signes pour la télégraphie Morse.
20 pages de formules mathématiques, physiques et mécaniques.
Table indiquant le revenu d'un jour d'après le revenu d'une année.
Points de fusion et d'ébullition de quelques corps.
Tableau des unités de monnaies pour les principaux pays du monde, leur valeur en francs, marks, florins.
Mesures du système métrique.
Liste des pays qui ont adopté le système métrique des poids et mesures.
Drapeaux des principaux Etats de l'Europe.
Profondeur des mers.
Tableau des principales vitesses (de l'escargot à la lumière).
Pensées détachées se rapportant à l'étude et à la science.
Formulaire pour la coopération de l'Ecole et de la Famille,
Pages blanches pour les notes personnelles.

En vente à Paris chez :

Henri Didier, rue de la Sorbonne, 6.
Albert Schulz, place de la Sorbonne, 3.
J. Victorion, 4, rue Dupuytren.
Canteau, 2, rue de Rivoli.
Bertin, rue de la Pompe, 119.
Maillet, rue de la Pompe, 129 *bis.*
Barthélemy, passage du Havre, 16.
Delalain, rue de la Pompe, 123.
Weil, 60, rue Caumartin.
Munier, boulevard Malesherbes, 132.
G. Denoix, rue Caumartin, 67.

et chez les Libraires classiques en province.

Mein deutsches Sprach-Repertorium

A L'USAGE

des Elèves des Lycées, Collèges de garçons et de filles, Ecoles Normales et Supérieures

Un fort cahier 17 × 22

A DOUBLE RÉPERTOIRE CENTRAL

48 ONGLETS — 192 PAGES
4 PAGES PAR RUBRIQUE

établi pour l'application d'une méthode extra rapide, dite **algébrique**, en vue de la révision express des formes de la conjugaison et de l'analyse.

Prix : 1 fr. 50. — Franco poste : 1 fr. 70.

Le même Répertoire, dit "LE CLASSIQUE"

EN BLANC

pouvant servir de classeur pour une partie quelconque du programme ou pour une langue quelconque, spécialement recommandé aux élèves des écoles de commerce.

Prix : 1 fr. 40 — Franco poste : 1 fr. 60.

CARNETS RÉPERTOIRES WILLEMIN

Le Passe-Partout

DOUBLE RÉPERTOIRE CENTRAL

28 ONGLETS — 168 PAGES

pour classer et retrouver instantanément toutes les notes.

—— Franco : 0 fr. 75. ——

ÉPINAL. — IMP. CH. HUGUENIN.